l'école - școală — 2
le voyage - călătorie — 5
le transport - transport — 8
la ville - oraș — 10
le paysage - peisaj — 14
le restaurant - restaurant — 17
le supermarché - supermarket — 20
les boissons - băuturi — 22
l'alimentation - mâncare — 23
la ferme - gospodărie țărănească — 27
la maison - casă — 31
le salon - cameră de zi — 33
la cuisine - bucătărie — 35
la salle de bain - baie — 38
la chambre d'enfant - camera copiilor — 42
les vêtements - îmbrăcăminte — 44
le bureau - birou — 49
l'économie - economie — 51
les professions - ocupații — 53
les outils - instrumente — 56
les instruments de musique - instrumente muzicale — 57
le zoo - grădină zoologică — 59
les sports - sport — 62
les activités - activități — 63
la famille - familie — 67
le corps - corp — 68
l'hôpital - spital — 72
l'urgence - urgență — 76
la terre - pământ — 77
...heure(s) - ceas — 79
la semaine - săptămână — 80
l'année - an — 81
les formes - forme — 83
les couleurs - culori — 84
les oppositions - antonime — 85
les nombres - cifre — 88
les langues - limbi — 90
qui / quoi / comment - cine/ce/cum — 91
où - unde — 92

AF188751

Impressum
Verlag: BABADADA GmbH, Nedderfeld 112 , 22529 Hamburg
Geschäftsführer / Verlagsleitung: Harald Hof
Druck: Books on Demand GmbH, In de Tarpen 42, 22848 Norderstedt

Imprint
Publisher: BABADADA GmbH, Nedderfeld 112 , 22529 Hamburg, Germany
Managing Director / Publishing direction: Harald Hof
Print: Books on Demand GmbH, In de Tarpen 42, 22848 Norderstedt

la salle de classe
sală de clasă

diviser
a împărți

186/2

le tableau noir
tablă

la cour (de récréation)
curte a școlii

le professeur
profesor

le papier
hârtie

écrire
a scrie

le stylo
instrument de scris

le bureau
masă de birou

la règle
riglă

le livre
carte

l'élève
elev

le cartable

ghiozdan

la trousse

penar

le crayon

creion

le taille-crayon

ascuțitoare

la gomme

radieră

le carnet à dessin

bloc de desen

le dessin

desen

le pinceau

pensulă

la boîte de peinture

cutie de acuarele

les ciseaux

foarfece

la colle

lipici

le cahier d'exercices

caiet de exerciții

les devoirs

temă

le chiffre

număr

2+2

additionner

a aduna

5-2

soustraire

a scădea

2×2

multiplier

a multiplica

calculer

a calcula

A

la lettre

literă

ABCDEFG
HIJKLMN
OPQRSTU
VWXYZ

l'alphabet

alfabet

le mot

cuvânt

le texte

text

lire

a citi

la craie

cretă

la leçon

oră

le livre de classe

catalog

l'examen

examen

le certificat

certificat

l'uniforme scolaire

uniformă școlară

la formation

educație

le lexique

enciclopedie

l'université

universitate

le microscope

microscop

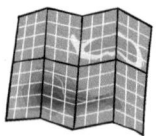

la carte

hartă

la corbeille à papier

coș de gunoi

le voyage
călătorie

l'hôtel
hotel
Grand
l'auberge
hostel
ROOMS
CHANGE
le bureau de change
casă de schimb valutar
la valise
valiză
la voiture
autovehicul

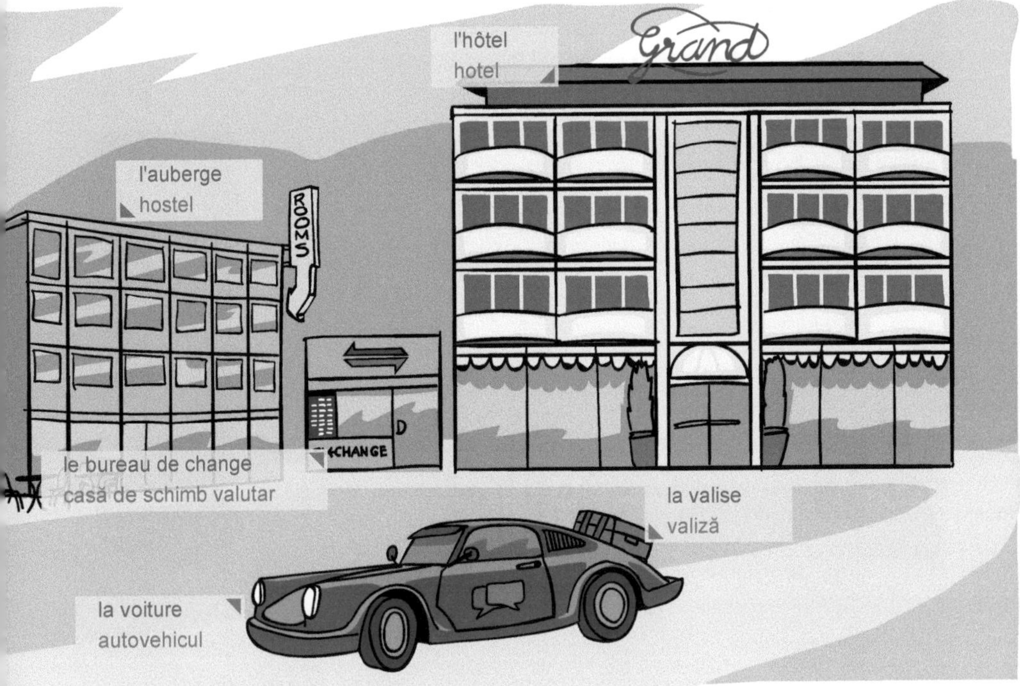

la langue
limbă

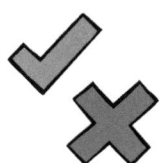

oui / non
da/nu

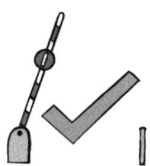

d'accord
okay

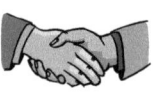

Salut
Bună!

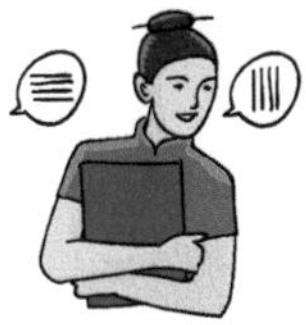

l'interprète
interpret

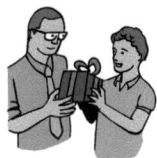

merci
mulțumesc

Combien coûte...?

Cât costă...?

Je ne comprends pas

Nu înțeleg

le problème

problemă

Bonsoir !

Bună seara!

Bonjour !

Bună dimineața!

Bonne nuit !

Noapte bună!

Au revoir

la revedere

la direction

direcție

les bagages

bagaj

le sac

geantă

le sac-à-dos

rucsac

l'hôte

oaspete

la pièce

cameră

le sac de couchage

sac de dormit

la tente

cort

l'office de tourisme

unct de informare turistică

la plage

plajă

la carte de crédit

carte de credit

le petit-déjeuner

mic dejun

le déjeuner

masa de prânz

le dîner

cină

le billet

bilet de călătorie

l'ascenseur

lift

le timbre

timbru poştal

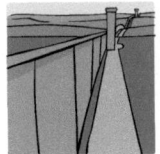

la frontière

graniţă

la douane

vamă

l'ambassade

ambasadă

le visa

viză

le passeport

paşaport

le transport

transport

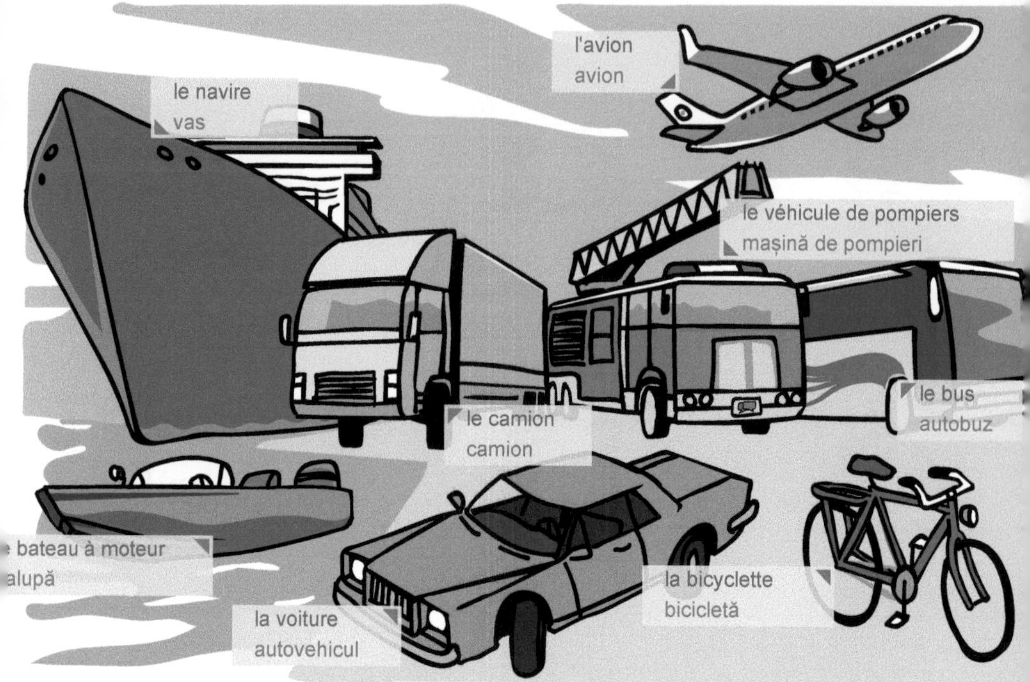

l'avion
avion
le navire
vas
le véhicule de pompiers
mașină de pompieri
le bus
autobuz
le camion
camion
bateau à moteur
alupă
la bicyclette
bicicletă
la voiture
autovehicul

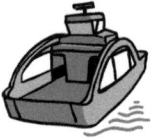

le ferry

feribot

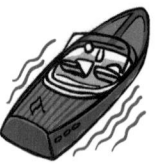

la barque

barcă

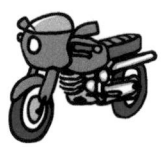

la moto

motocicletă

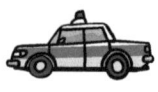

la voiture de police

mașină de poliție

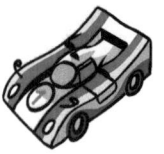

la voiture de course

mașină de curse

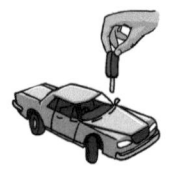

la voiture de location

mașină închiriată

l'auto-partage

car sharing

la voiture de remorquage

maşină de tractat

la benne à ordures

maşină de gunoi

le moteur

motor

l'essence

combustibil

la station d'essence

benzinărie

le panneau indicateur

semn de circulaţie

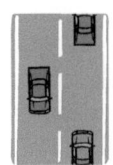

le trafic

trafic

l'embouteillage

ambuteiaj

le parking

parcare

la gare

gară

les rails

şine

le train

tren

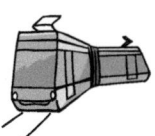

le tramway

tramvai

le wagon

vagon

l'hélicoptère
elicopter

l'aéroport
aeroport

la tour
turn

le passager
pasager

le conteneur
container

le carton
carton

le chariot
căruță

la corbeille
coș

décoller / atterrir
a decola/a ateriza

la ville

oraș

le village
sat

le centre-ville
centru

la maison
casă

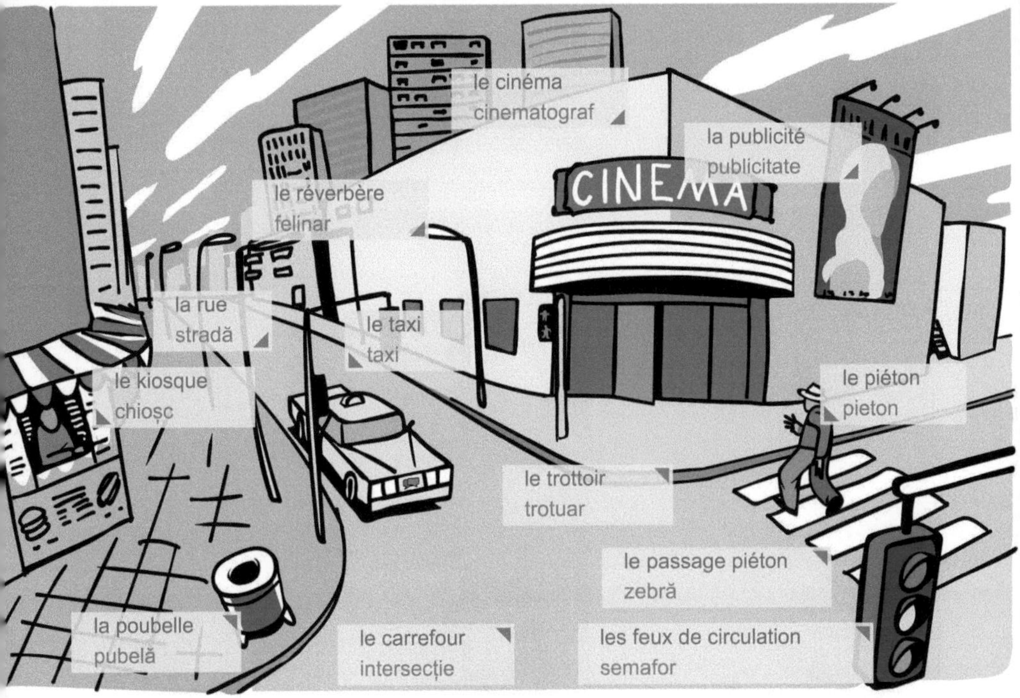

le cinéma
cinematograf

la publicité
publicitate

le réverbère
felinar

CINEMA

la rue
stradă

le taxi
taxi

le kiosque
chioşc

le piéton
pieton

le trottoir
trotuar

le passage piéton
zebră

la poubelle
pubelă

le carrefour
intersecţie

les feux de circulation
semafor

la cabane

cabană

l'appartement

apartament

la gare

gară

la mairie

primărie

le musée

muzeu

l'école

şcoală

l'université

universitate

la banque

bancă

l'hôpital

spital

l'hôtel

hotel

la pharmacie

farmacie

le bureau

birou

la librairie

librărie

le magasin

magazin

le fleuriste

florărie

le supermarché

supermarket

le marché

piață

le grand magasin

magazin universal

la poissonnerie

comerciant de pește

le centre commercial

centru comercial

le port

port

la ville - oraș

le parc

parc

la banque

bancă

le pont

pod

les escaliers

trepte

le métro

metrou

le tunnel

tunel

l'arrêt de bus

stație de autobuz

le bar

bar

le restaurant

restaurant

la boîte à lettres

cutie poștală

le panneau indicateur

tăbliță indicatoare cu
numele străzii

le parcmètre

parcometru

le zoo

grădină zoologică

le réverbère

piscină

la mosquée

moschee

la ville - oraș

la ferme

gospodărie țărănească

la pollution

poluare

la cimetière

cimitir

l'église

biserică

l'aire de jeux

loc de joacă

le temple

templu

le paysage
peisaj

la feuille
frunză

le panneau indicateur
indicator

le chemin
drum

le pré
pajiște

la pierre
piatră

le randonneur
drumeț

l'arbre
copac

la rivière
râu

l'herbe
iarbă

la fleur
floare

la vallée
vale

la montagne
deal

le lac
lac

la forêt
pădure

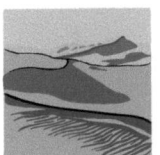

le désert
deșert

le volcan
vulcan

le château
castel

l'arc-en-ciel
curcubeu

le champignon
ciupercă

le palmier
palmier

le moustique
țânțar

la mouche
muscă

les fourmis
furnică

l'abeille
albină

l'araignée
păianjen

le coléoptère

gândac

la grenouille

broască

l'écureuil

veveriță

le hérisson

arici

le lièvre

iepure

la chouette

bufniță

l'oiseau

pasăre

le cygne

lebădă

le sanglier

porc mistreț

le cerf

cerb

l'élan

elan

le barrage

dig

l'éolienne

turbină eoliană

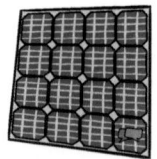

le panneau solaire

panou solar

le climat

climă

le serveur
chelnär

le menu
meniu

la chaise
scaun

la soupe
supă

la pizza
pizza

les couverts
tacâmuri

la nappe
faţă de masă

les hors d'œuvre
antreu

le plat principal
fel principal

le dessert
desert

les boissons
băuturi

l'alimentation
mâncare

la bouteille
sticlă

le fast-food

fastfood

les plats à emporter

streetfood

la théière

ceainic

le sucrier

zaharniță

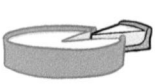

la portion

porție

la machine à expresso

espressor

la chaise haute

scaun înalt (pentru copii)

la facture

factură

le plateau

tavă

le couteau

cuțit

la fourchette

furculiță

la cuillère

lingură

la cuillère à thé

linguriță

la serviette

șervețel

le verre

pahar

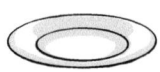

l'assiette
farfurie

l'assiette à soupe
farfurie de supă

la soucoupe
farfurie

la sauce
sos

la salière
solniță

le moulin à poivre
râșniță de piper

le vinaigre
oțet

l'huile
ulei

les épices
condimente

le ketchup
ketchup

la moutarde
muștar

la mayonnaise
maioneză

le supermarché

supermarket

l'offre promotionnelle
ofertă
FOR
le client
client
les produits laitiers
produse lactate
les fruits
fructe
le chariot
cărucior de cumpărături

BUTCHERS

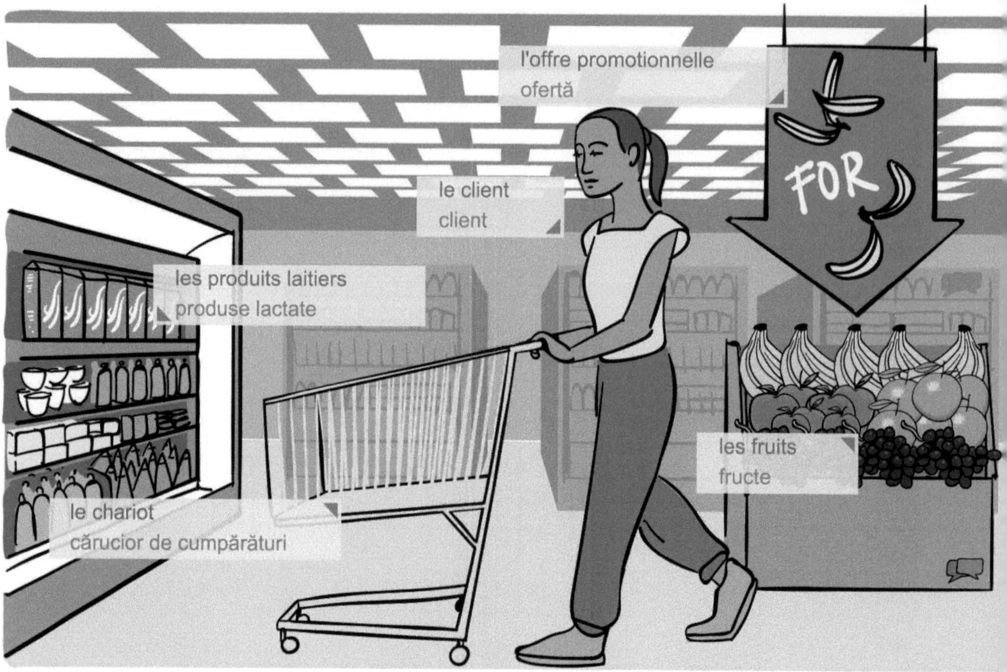

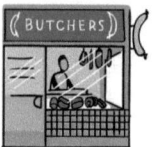

la boucherie

măcelărie

BAKERY

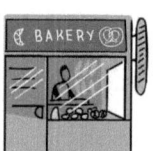

la boulangerie

brutărie

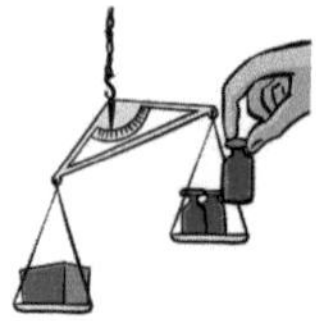

peser

a cântări

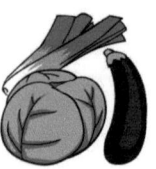

les légumes

legume

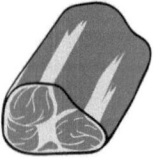

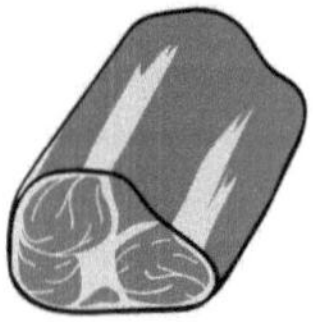

la viande

carne

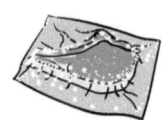

les aliments surgelés

alimente refrigerate

la charcuterie

zeluri și brânzeturi feliate

les conserves

conserve

la poudre à lessive

detergent

les bonbons

dulciuri

les articles ménagers

articole de menaj

les détergents

produse de curățenie

la vendeuse

vânzătoare

la caisse

casă

le caissier

casier

la liste d'achats

listă de cumpărături

les heures d'ouverture

orar

le portefeuille

portmoneu

la carte de crédit

carte de credit

le sac

geantă

le sac en plastique

pungă de plastic

l'eau

apă

le jus de fruit

suc

le lait

lapte

le coca

cola

le vin

vin

la bière

bere

l'alcool

alcool

le chocolat chaud

cacao

le thé

ceai

le café

cafea

l'expresso

espresso

le cappuccino

cappucino

la banane

banane

la pomme

măr

l'orange

portocală

le melon

pepene

le citron.

lămâie

la carotte

morcov

l'ail

usturoi

le bambou

bambus

l'oignon

ceapă

le champignon

ciupercă

les noisettes

nuci

les pâtes

paste făinoase

les spaghetti

spagheti

le riz

orez

la salade

salată

les pommes frites

cartofi prăjiți

les pommes de terre rôties

cartofi țărănești

la pizza

pizza

le hamburger

hamburger

le sandwich

sandwich

l'escalope

șnițel

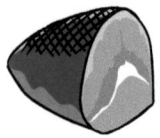

le jambon

șuncă

le salami

salam

la saucisse

cârnați

le poulet

pui

le rôti

friptură

le poisson

pește

les flocons d'avoine

fulgi de ovăz

le muesli

musli

les cornflakes

cereale

la farine

făină

le croissant

corn

les petits-pains

chifle

le pain

pâine

le pain grillé

pâine prăjită

les biscuits

biscuiți

le beurre

unt

le fromage blanc

brânză de vaci

le gâteau

prăjitură

l'œuf

ou

l'œuf au plat

ouă ochiuri

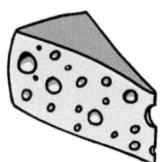

le fromage

brânză

l'alimentation - mâncare

la glace

înghețată

le sucre

zahăr

le miel

miere

la confiture

marmeladă

la crème nougat

cremă nuga

le curry

curry

la ferme
gospodărie țărănească

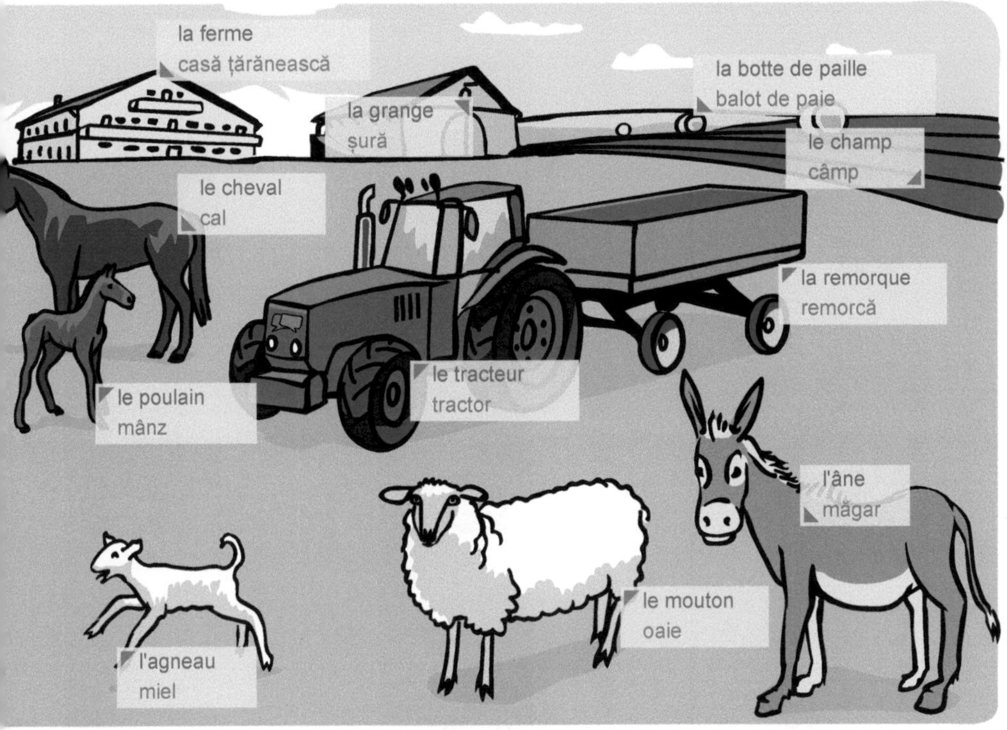

la ferme
casă țărănească
la grange
șură
la botte de paille
balot de paie
le champ
câmp
le cheval
cal
la remorque
remorcă
le tracteur
tractor
le poulain
mânz
l'âne
măgar
le mouton
oaie
l'agneau
miel

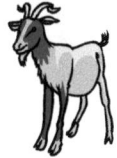

la chèvre

capră

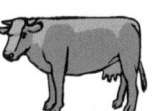

la vache

vacă

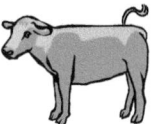

le veau

vițel

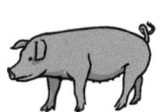

le porc

porc

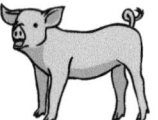

le porcelet

purcel

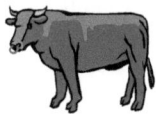

le taureau

taur

l'oie

găină

le canard

rață

le poussin

pui

la poule

găină

le coq

cocoș

le rat

șobolan

le chat

pisică

la souris

șoarece

le bœuf

bou

le chien

câine

le chenil

cușcă

le tuyau de jardin

furtun de grădină

l'arrosoir

stropitoare

la faucheuse

coasă

la charrue

plug

la faucille

seceră

la pioche

sapă

la fourche

furcă

la hache

secure

la brouette

roabă

la cuve

troacă

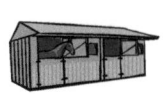

le pot à lait

cană pentru lapte

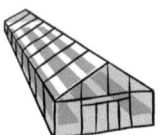

le sac

sac

la clôture

gard

l'étable

grajd

le serre

seră

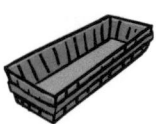

le sol

sol

les semences

sămânță

l'engrais

fertilizator

la moissonneuse-batteuse

combină de treierat

récolter

a culege

la récolte

recoltă

l'igname

cartof yam

le blé

grâu

le soja

soia

la pomme de terre

cartof

le maïs

porumb

le colza

rapiță

l'arbre fruitier

pom fructifer

le manioc

manioc

les céréales

cereale

la maison
casă

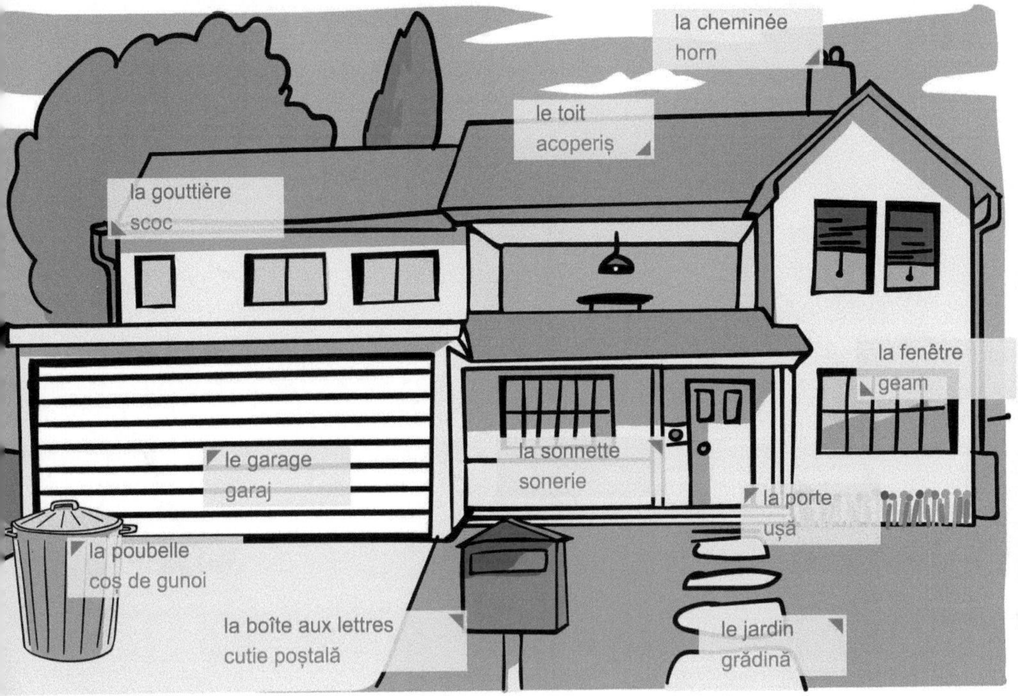
la cheminée
horn
le toit
acoperiș
la gouttière
scoc
la fenêtre
geam
le garage
garaj
la sonnette
sonerie
la porte
ușă
la poubelle
coș de gunoi
la boîte aux lettres
cutie poștală
le jardin
grădină

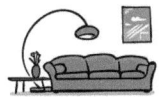

le salon
camеră de zi

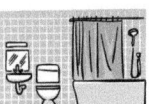

la salle de bain
baie

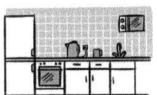

la cuisine
bucătărie

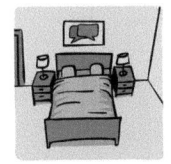

la chambre à coucher
dormitor

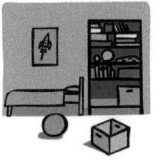

la chambre d'enfant
camera copiilor

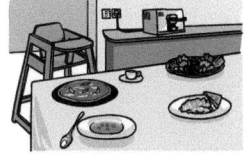

la salle à manger
sufragerie

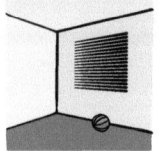

le sol

podea

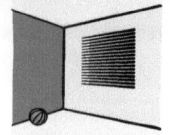

le mur

perete

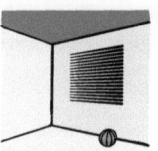

le plafond

tavan

la cave

pivniță

le sauna

saună

le balcon

balcon

la terrasse

terasă

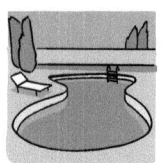

la piscine

piscină

la tondeuse à gazon

mașină de tuns iarba

la housse

cearșaf

la couette

cuvertură

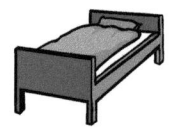

le lit

pat

le balai

mătură

le sceau

găleată

l'interrupteur

întrerupător

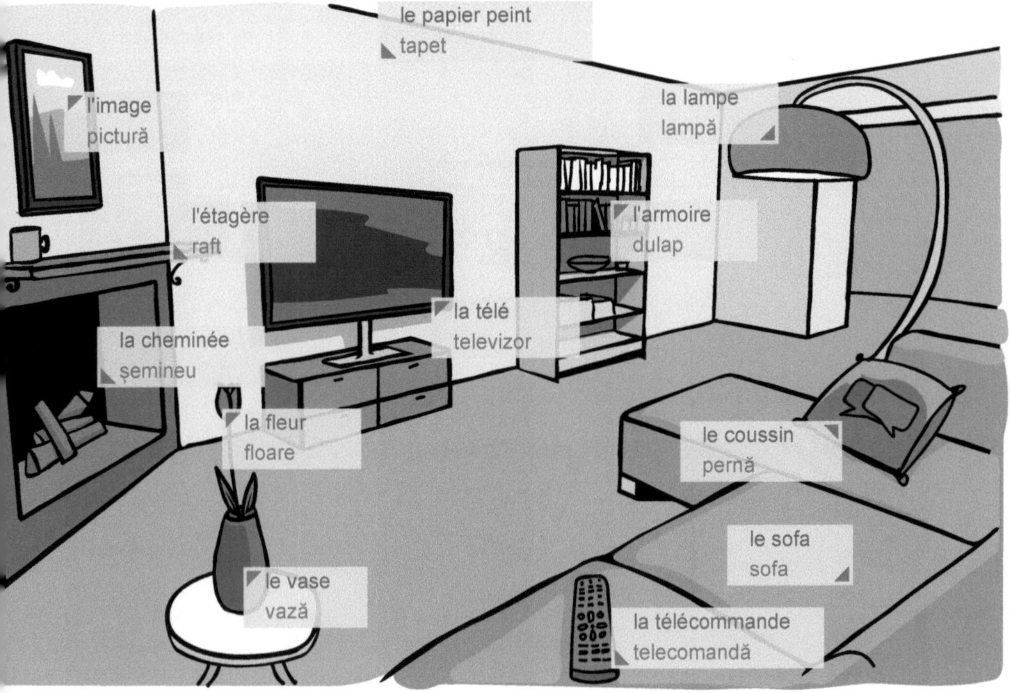

le papier peint
tapet

l'image
pictură

la lampe
lampă

l'étagère
raft

l'armoire
dulap

la cheminée
șemineu

la télé
televizor

la fleur
floare

le coussin
pernă

le sofa
sofa

le vase
vază

la télécommande
telecomandă

	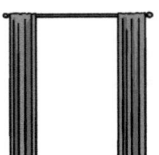	
le tapis	le rideau	la table
covor	perdea	masă
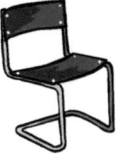		
la chaise	la chaise à bascule	le fauteuil
scaun	balansoar	fotoliu

le livre

carte

la couverture

pătură

la décoration

decoraţiune

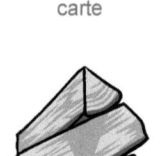

le bois de chauffage

lemn de foc

le film

film

la chaîne hi-fi

instalaţie stereo

la clé

cheie

le journal

ziar

la peinture

desen

le poster

poster

la radio

radio

le bloc-notes

caiet de notiţe

l'aspirateur

aspirator

le cactus

cactus

la bougie

lumânare

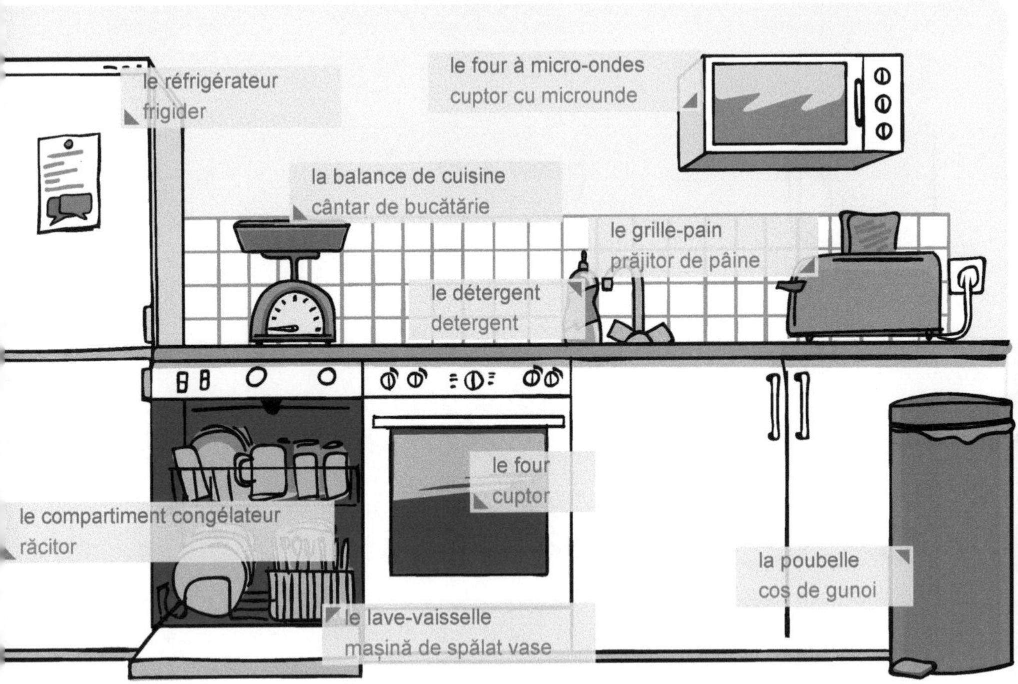

le four à micro-ondes
cuptor cu microunde

le réfrigérateur
frigider

la balance de cuisine
cântar de bucătărie

le grille-pain
prăjitor de pâine

le détergent
detergent

le four
cuptor

le compartiment congélateur
răcitor

la poubelle
coș de gunoi

le lave-vaisselle
mașină de spălat vase

le four

cuptor

la casserole

oală

la marmite

oală de metal

le wok / kadai

wok/kadai

la poêle

tigaie

la bouilloire electrique

ceainic

le cuiseur vapeur

oală de gătit cu aburi

la plaque de cuisson

tavă de copt

la vaisselle

veselă

le gobelet

pahar

la coupe

bol

les baguettes

bețișoare

la louche

polonic

la spatule

spatulă

le fouet

tel

la passoire

sită

le tamis

sită

la râpe

răzătoare

le mortier

mojar

le barbecue

grătar

la cheminée

loc pentru grătar

la planche à découper

tocător

le rouleau à pâtisserie

sucitor

le tire-bouchon

tirbușon

la boîte

conservă

l'ouvre-boîte

deschizător de conserve

les maniques

șervete termice

le lavabo

chiuvetă

la brosse

perie

l'éponge

burete

le mixeur

mixer

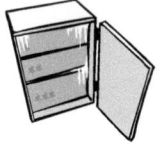

le congélateur

ladă frigorifică

le biberon

biberon

le robinet

robinet

la salle de bain

baie

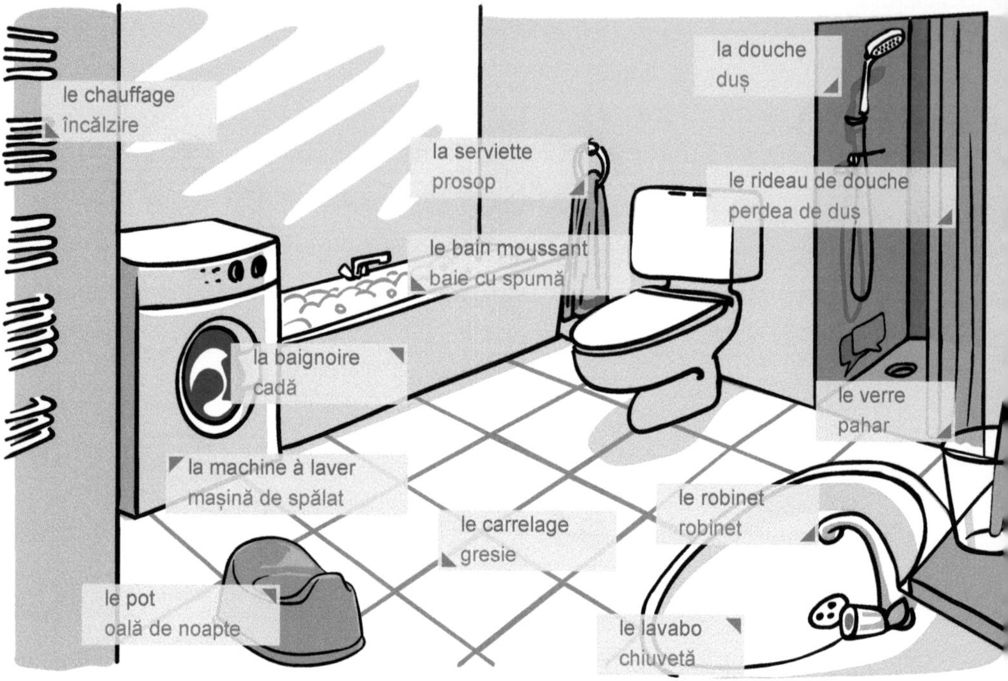

la douche
duș
le chauffage
încălzire
la serviette
prosop
le rideau de douche
perdea de duș
le bain moussant
baie cu spumă
la baignoire
cadă
le verre
pahar
la machine à laver
mașină de spălat
le robinet
robinet
le carrelage
gresie
le pot
oală de noapte
le lavabo
chiuvetă

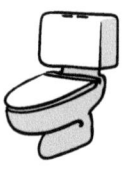

les toilettes

toaletă

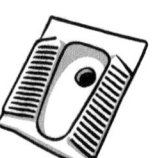

la toilette à la turque

toaletă turcescă

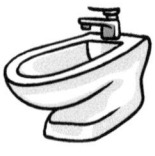

le bidet

bideu

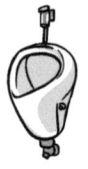

l'urinoir

pisoir

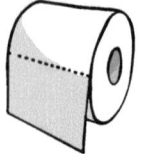

le papier toilette

hârtie igienică

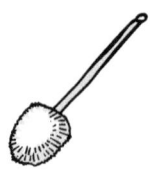

la brosse à toilette

perie de toaletă

la brosse à dents

periuță de dinți

le dentifrice

pastă de dinți

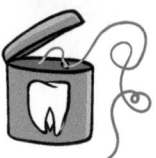

le fil dentaire

ață dentară

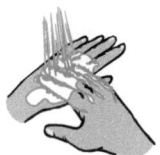

laver

a spăla

la douche manuelle

cap de duș

la douche intime

duș intim

la vasque

lavoar

la brosse dorsale

perie pentru spate

le savon

săpun

le gel douche

gel de duș

le shampooing

șampon

le gant de toilette

cârpă de spălat

l'écoulement

scurgere

la crème

cremă

le déodorant

deodorant

le miroir
oglindă

le miroir cosmétique
oglindă cosmetică

le rasoir
aparat de ras

la mousse à raser
spumă de ras

l'après-rasage
aftershave

la peigne
pieptene

la brosse
perie

le sèche-cheveux
uscător de păr

la laque pour cheveux
fixator

le fond de teint
machiaj

le rouge à lèvres
ruj

le vernis à ongles
lac de unghii

l'ouate
vată

le coupe-ongles
foarfece de unghii

le parfum
parfum

la trousse de toilette

neseser

le tabouret

taburet

le pèse-personne

cântar

le peignoir

halat de baie

les gants de nettoyage

mănuși de cauciuc

le tampon

tampon

es serviettes hygiéniques

tampon

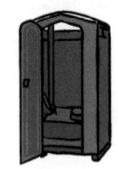

la toilette chimique

toaletă chimică

la chambre d'enfant

camera copiilor

le réveil
ceas deșteptător
le doudou
jucărie de pluș
la voiture jouet
mașină de jucărie
le hochet
morișcă
la maison de poupée
casă de păpuși
le cadeau
cadou

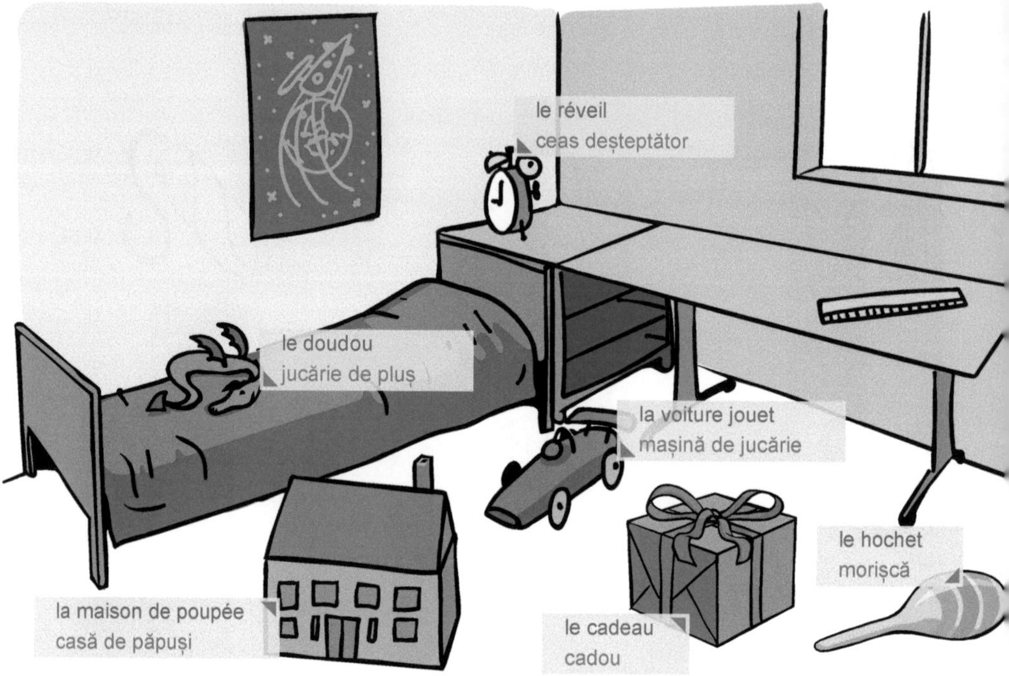

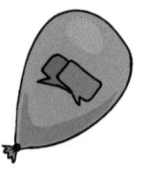

le ballon

balon

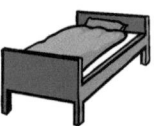

le lit

pat

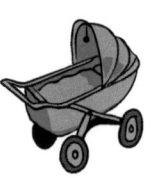

la poussette

cărucior de copii

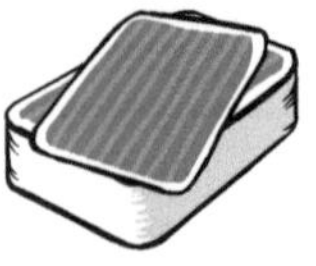

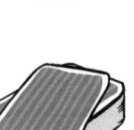

le jeu de cartes

joc de cărți

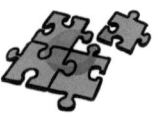

le puzzle

puzzle

SUPER
MEGA

la bande dessinée

revistă de benzi desenate

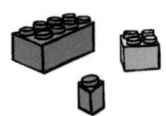

les pièces lego

cuburi lego

les blocs de construction

piese pentru construcţii

la figurine

personaj din filmele de acţiune

la grenouillère

body

le frisbee

frisbee

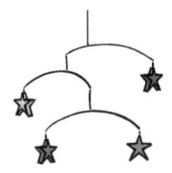

le mobile

mobil

le jeu de société

joc de societate

le dé

zar

le train miniature

set trenuleţ de jucărie

la sucette

suzetă

la fête

petrecere

le livre d'images

carte cu poze

la balle

minge

la poupée

păpuşă

jouer

a se juca

le bac à sable

groapă de nisip

la balançoire

leagăn

les jouets

jucării

la console de jeu

consolă video

le tricycle

tricicletă

l'ours en peluche

ursuleţ

l'armoire

dulap

les vêtements
îmbrăcăminte

les chaussettes

şosete

les bas

ciorapi

le collant

dres

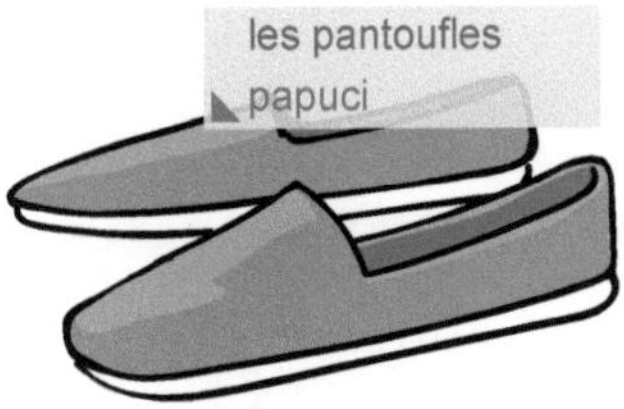

l'écharpe
șal

la ceinture
curea

le parapluie
umbrelă

le t-shirt
tricou

les bottes
cizme

les pantoufles
papuci

les baskets
pantofi sport

les sandales
....
sandale

les chaussures
....
încălțăminte

les bottes de caoutchouc
....
cizme de cauciuc

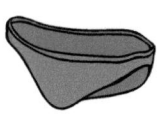

les sous-vêtements
....
chilot

le soutien-gorge
....
sutien

le maillot de corps
....
maiou

les vêtements - îmbrăcăminte

le body

body

le pantalon

pantaloni

le jean

blugi

la jupe

fustă

le chemisier

bluză

la chemise

cămașă

le pull

pulover

le sweat à capuche

jerseu

la veste

sacou

la veste

jachetă

le manteau

palton

l'imperméable

pelerină de ploaie

le costume

costum

la robe

rochie

la robe de mariée

rochie de mireasă

les vêtements - îmbrăcăminte

le costume

costum

la chemise de nuit

cămașă de noapte

le pyjama

pijama

le sari

sari

le foulard

batic

le turban

turban

la burqa

burka

le caftan

caftan

l'abaya

abaya

le maillot de bain

costum de baie

le maillot de bain

șort

le short

pantaloni scurți

la tenue d'entraînement

trening

le tablier

șorț

les gants

mănuși

le bouton

nasture

les lunettes

ochelari

le bracelet

brățară

le collier

lanț

la bague

inel

la boucle d'oreille

cercel

le bonnet

căciulă

le cintre

umeraș

le chapeau

pălărie

la cravate

cravată

la fermeture éclair

fermoar

le casque

cască

les bretelles

bretele

l'uniforme scolaire

uniformă școlară

l'uniforme

uniformă

le bavoir

bavețică

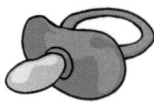

la sucette

suzetă

la lange

scutec

le bureau

birou

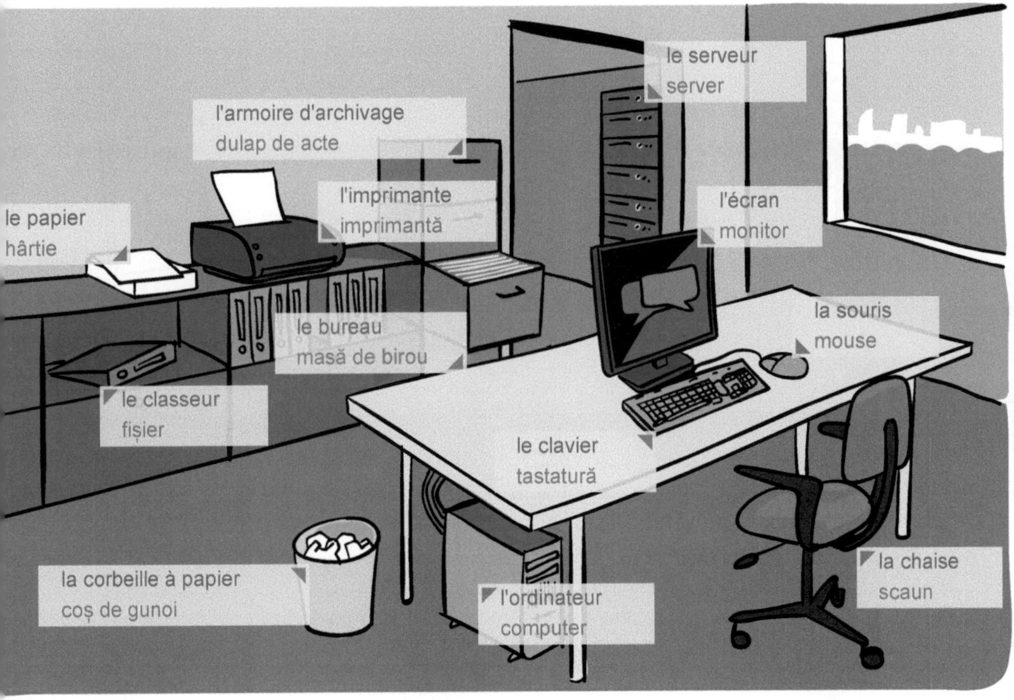

l'armoire d'archivage
dulap de acte

le serveur
server

l'imprimante
imprimantă

l'écran
monitor

le papier
hârtie

le bureau
masă de birou

la souris
mouse

le classeur
fișier

le clavier
tastatură

la corbeille à papier
coș de gunoi

l'ordinateur
computer

la chaise
scaun

la tasse de café

ceașcă de cafea

la calculatrice

calculator

l'internet

internet

l'ordinateur portable

laptop

la lettre

scrisoare

le message

mesaj

le portable

telefon mobil

le réseau

rețea

la photocopieuse

copiator

le logiciel

software

le téléphone

telefon

la prise

priză

le fax

fax

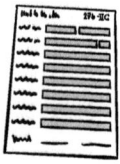

le formulaire

formular

le document

document

acheter

a cumpăra

payer

a plăti

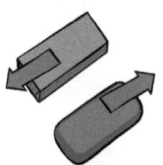

faire du commerce

a face comerţ

la monnaie

bani

le dollar

Dolar

l'euro

Euro

le yen

Yen

le rouble

Rublă

le franc suisse

Franc Elveţian

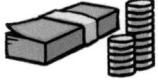

le renminbi yuan

renminbi yuan

la roupie

Rupie

le distributeur automatique

bancomat

le bureau de change

casă de schimb valutar

l'or

aur

l'argent

argint

le pétrole

petrol

l'énergie

energie

le prix

preț

le contrat

contract

la taxe

impozit

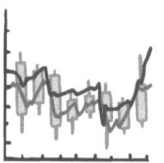

l'action

acțiune

travailler

a munci

l'employé

angajat

l'employeur

angajator

l'usine

fabrică

le magasin

magazin

les professions
ocupații

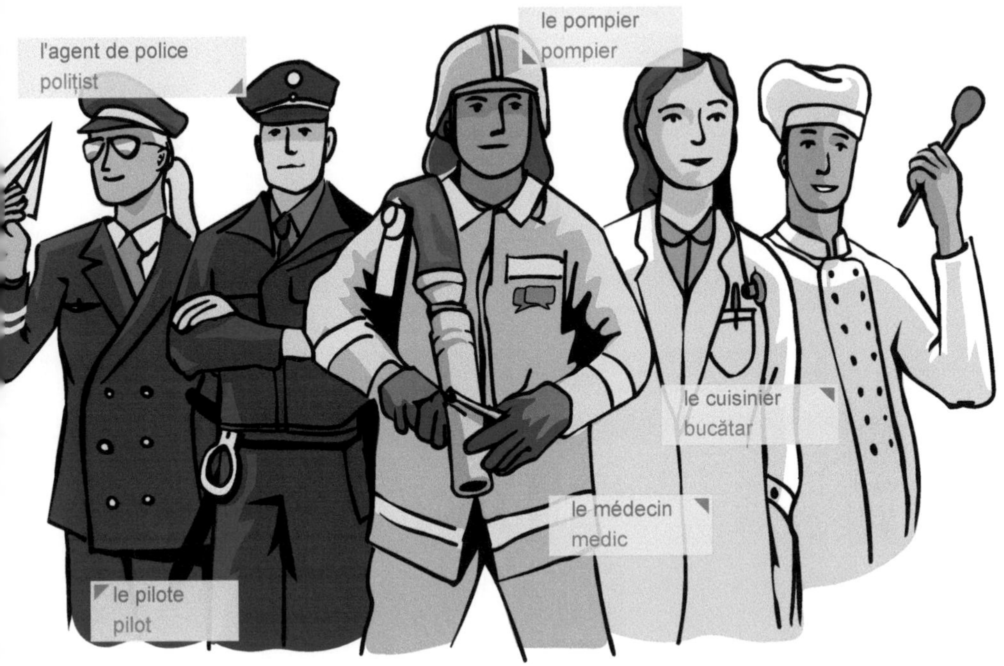
l'agent de police
polițist
le pompier
pompier
le cuisinier
bucătar
le médecin
medic
le pilote
pilot

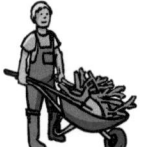

le jardinier
grădinar

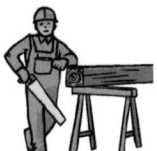

le menuisier
tâmplar

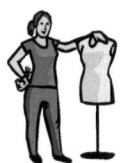

la couturière
cusătoreasă

le juge
judecător

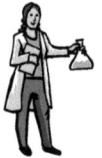

le chimiste
chimist

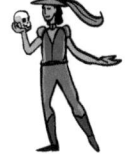

l'acteur
actor

le conducteur de bus

șofer de autobuz

le chauffeur de taxi

șofer de taxi

le pêcheur

pescar

la femme de ménage

femeie de serviciu

le couvreur

tinichigiu

le serveur

chelnăr

le chasseur

vânător

le peintre

pictor

le boulanger

brutar

l'électricien

electrician

l'ouvrier

muncitor în construcții

l'ingénieur

inginer

le boucher

măcelar

le plombier

instalator

le facteur

poștaș

le soldat

soldat

l'architecte

arhitect

le caissier

casier

le fleuriste

florar

le coiffeur

frizer

le contrôleur

controlor

le mécanicien

mecanic

le capitaine

căpitan

le dentiste

stomatolog

le scientifique

om de știință

le rabbin

rabin

l'imam

imam

le moine

călugăr

le prêtre

preot

les outils
instrumente

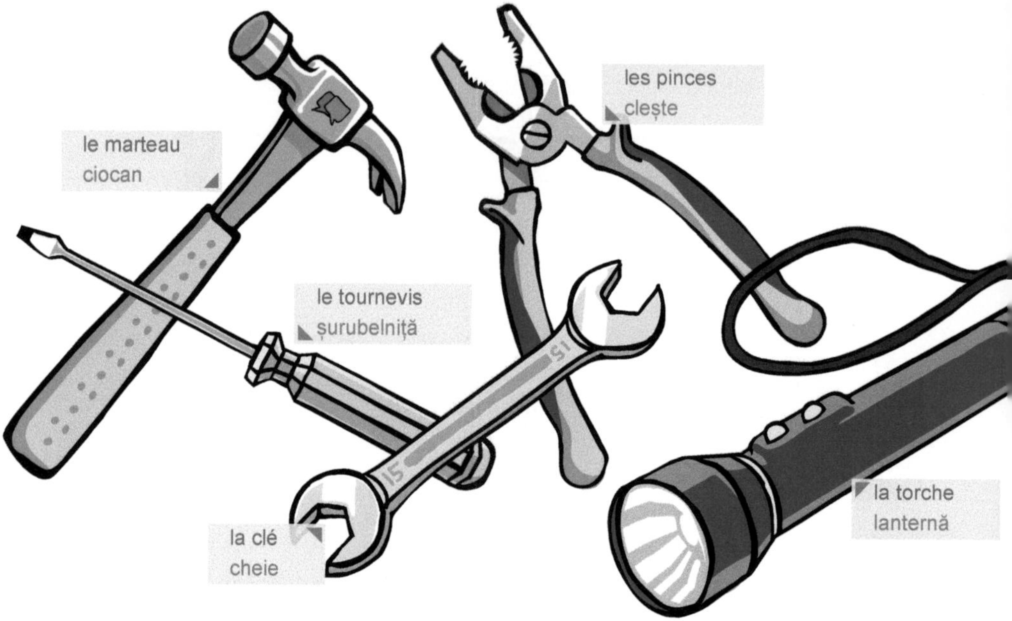
le marteau
ciocan
les pinces
cleşte
le tournevis
şurubelniţă
la clé
cheie
la torche
lanternă

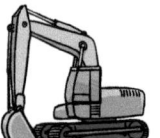

la pelleteuse

excavator

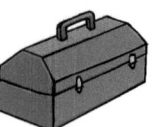

la boîte à outils

cutie de scule

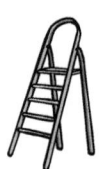

l'échelle

scară

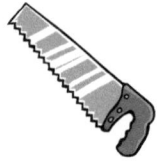

la scie

ferăstrău

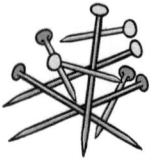

les clous

cuie

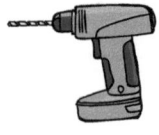

la perceuse

burghiu

réparer

a repara

la pelle

lopată

Mince !

La naiba!

la pelle

făraş

le pot de peinture

vas pentru vopsea

les vis

şuruburi

les instruments de musique
instrumente muzicale

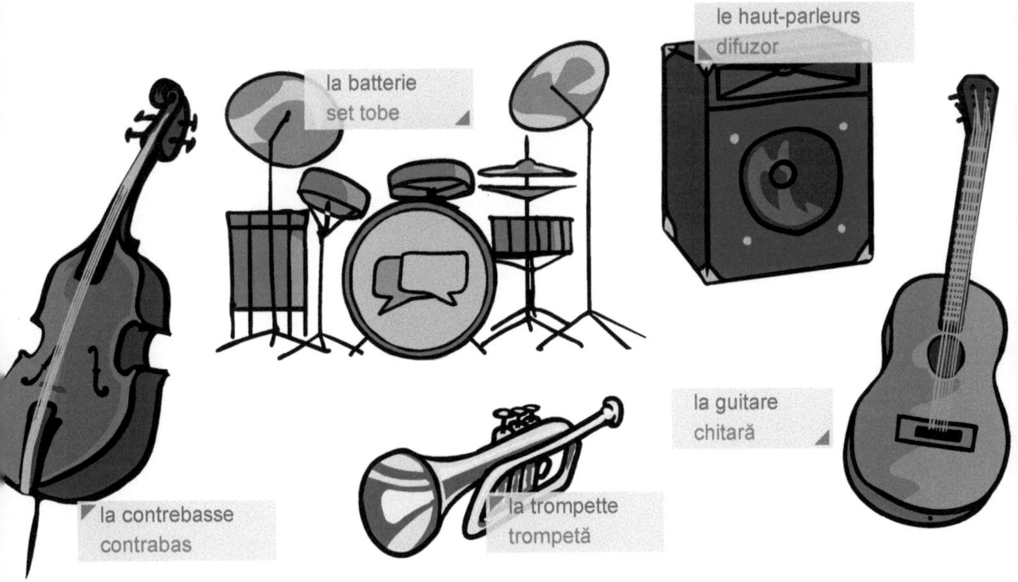

la batterie
set tobe

le haut-parleurs
difuzor

la guitare
chitară

la contrebasse
contrabas

la trompette
trompetă

le piano

pian

le violon

vioară

la basse

bas

les timbales

trombon

le tambour

tobă

le piano électrique

keyboard

le saxophone

saxofon

la flûte

fluier

le microphone

microfon

l'entrée
intrare

le tigre
tigru

la cage
cușcă

le zèbre
zebră

l'alimentation animale
mâncare pentru animale

le panda
panda

les animaux

animale

l'éléphant

elefant

le kangourou

cangur

le rhinocéros

rinocer

le gorille

gorilă

l'ours

urs

le chameau

cămilă

l'autruche

struț

le lion

leu

le singe

maimuță

le flamand rose

flamingo

le perroquet

papagal

l'ours polaire

urs polar

le pingouin

pinguin

le requin

rechin

le paon

păun

le serpent

șarpe

le crocodile

crocodil

le gardien de zoo

îngrijitor grădina zoologică

le phoque

focă

le jaguar

jaguar

le zoo - grădină zoologică

le poney

ponei

le léopard

leopard

l'hippopotame

hipopotam

la girafe

girafă

l'aigle

acvilă

le sanglier

porc mistreț

le poisson

pește

la tortue

broască țestoasă

le morse

morsă

le renard

vulpe

la gazelle

gazelă

l'american Football
fotbal american

le cyclisme
ciclism

le tennis
tenis

le basket-ball
basketball

la natation
înot

la boxe
box

le hockey sur glace
hockey pe gheață

le football

fotbal

le badminton

badminton

l'athlétisme

atletism

le handball

handbal

le ski

schi

le polo

polo

les activités
activităţi

rire
a râde
sauter
a sări
embrasser
a îmbrăţişa
marcher
a merge
chanter
a cânta
rêver
a visa
prier
a se ruga
faire la bise
a săruta

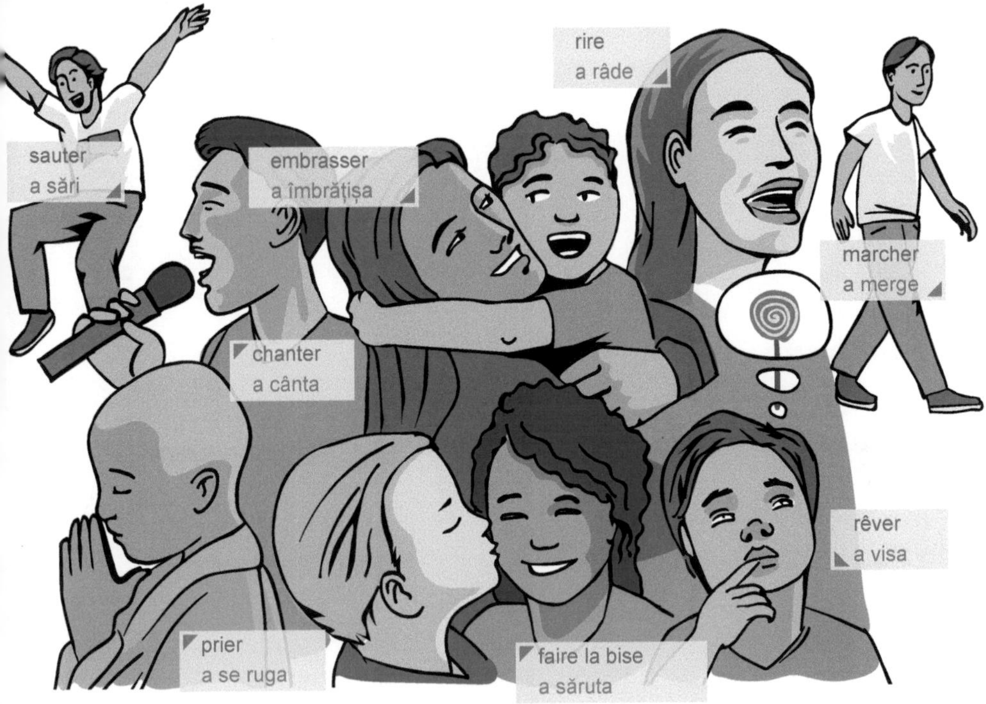

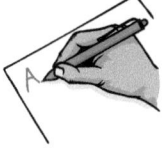

écrire

a scrie

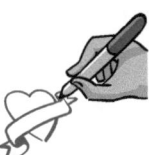

dessiner

a desena

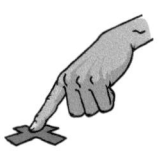

montrer

a arăta

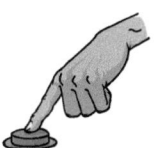

pousser

a împinge

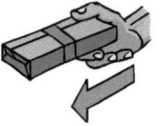

donner

a da

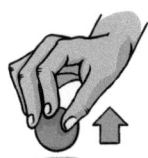

prendre

a lua

avoir

a avea

faire

a face

être

a fi

être debout

a sta în picioare

courir

a fugi

trier

a trage

jeter

a arunca

tomber

a cădea

être couché

a sta întins

attendre

a aștepta

porter

a purta

être assis

a ședea

s'habiller

a se îmbrăca

dormir

a dormi

se réveiller

a se trezi

regarder
a privi

pleurer
a plânge

caresser
a mângâia

peigner
a se pieptăna

parler
a vorbi

comprendre
a înțelege

demander
a întreba

écouter
a asculta

boire
a bea

manger
a mânca

ranger
a face ordine

aimer
a iubi

cuire
a găti

conduire
a conduce

voler
a zbura

faire de la voile

a naviga

calculer

a calcula

lire

a citi

apprendre

a învăța

travailler

a munci

se marier

a se căsători

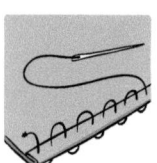

coudre

a coase

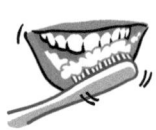

brosser les dents

a se spăla pe dinți

tuer

a ucide

fumer

a fuma

envoyer

a trimite

grand-mère
nică

le grand-père
bunic

le père
tată

la mère
mamă

le bébé
bebeluș

la fille
soră

le fils
fiu

l'hôte

oaspete

la tante

mătușă

l'oncle

unchi

le frère

frate

la sœur

soră

le corps

corp

le front
frunte
l'œil
ochi
l'épaule
umăr
le doigt
deget
le visage
față
le menton
bărbie
la main
mână
la jambe
picior
la poitrine
piept
le bras
braț

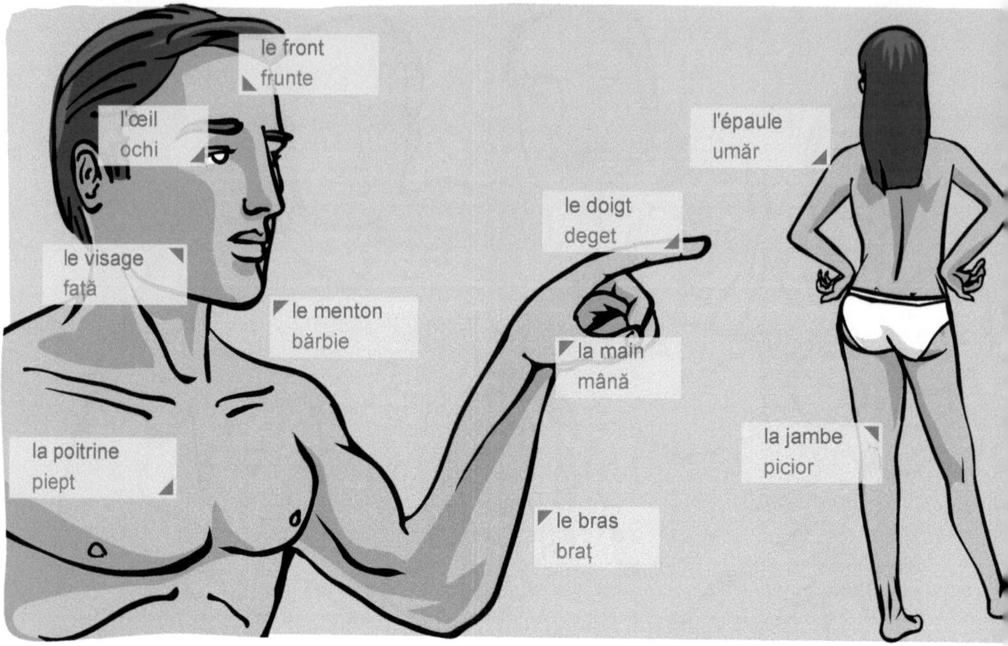

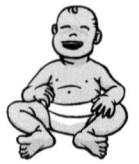

le bébé

bebeluș

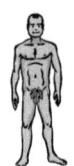

l'homme

bărbat

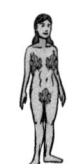

la femme

femeie

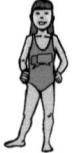

la fille

fată

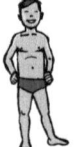

le garçon

băiat

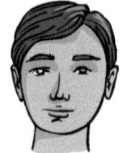

la tête

cap

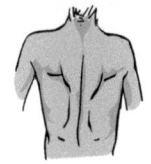

le dos

spate

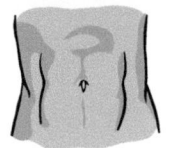

le ventre

abdomen

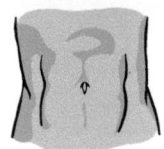

le nombril

ombilic

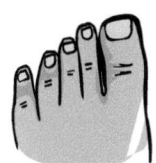

l'orteil

deget de la picior

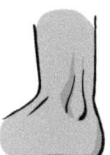

le talon

călcâi

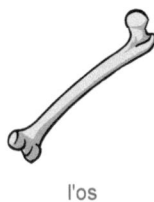

l'os

os

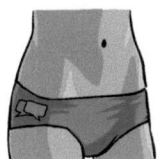

la hanche

șold

le genou

genunchi

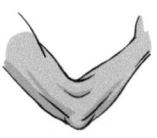

le coude

cot

le nez

nas

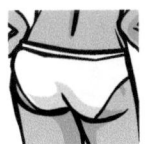

les fesses

fund

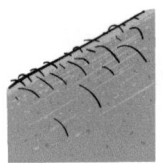

la peau

piele

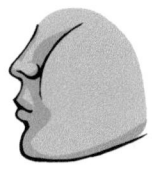

la joue

obraz

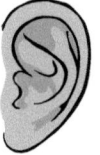

l'oreille

ureche

la lèvre

buză

le corps - corp

la bouche

gură

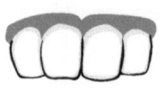

la dent

dinte

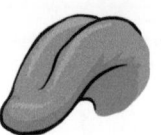

la langue

limbă

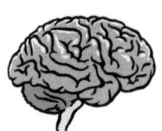

le cerveau

creier

le cœur

inimă

le muscle

mușchi

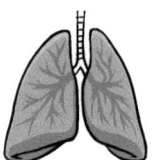

les poumons

plămân

le foie

ficat

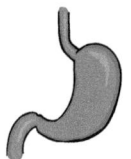

l'estomac

stomac

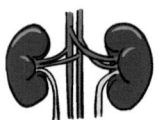

les reins

rinichi

le rapport sexuel

sex

le préservatif

prezervativ

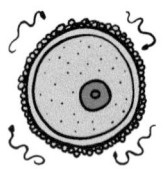

l'ovule

ovul

le sperme

spermă

la grossesse

sarcină

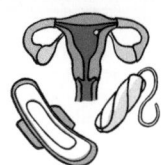

la menstruation

menstruație

le vagin

vagin

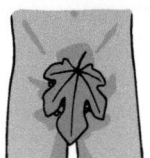

le pénis

penis

le sourcil

sprânceană

les cheveux

păr

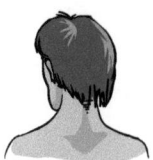

le cou

gât

l'hôpital
spital

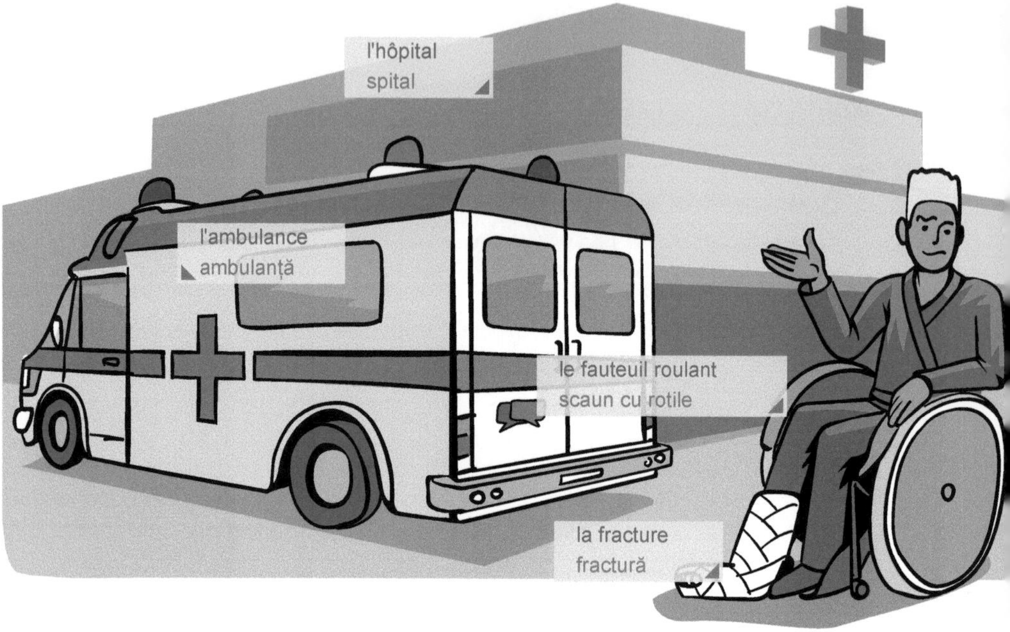

l'hôpital
spital
l'ambulance
ambulanță
le fauteuil roulant
scaun cu rotile
la fracture
fractură

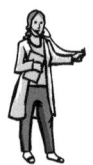

le médecin

medic

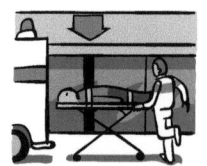

le service des urgences

unitate de primiri urgențe

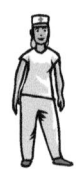

l'infirmière

soră medicală

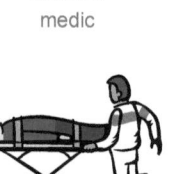

l'urgence

urgență

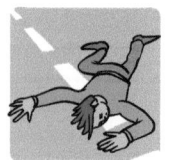

inconscient

inconștient

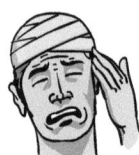

la douleur

durere

la blessure

leziune

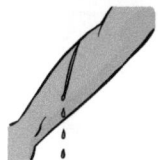

l'hémorragie

sângerare

la crise cardiaque

infarct miocardic

l'attaque cérébrale

atac cerebral

l'allergie

alergie

la toux

tuse

la fièvre

febră

la grippe

gripă

la diarrhée

diaree

le mal de tête

durere de cap

le cancer

cancer

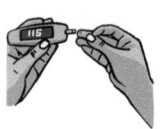

le diabète

diabet

le chirurgien

chirurg

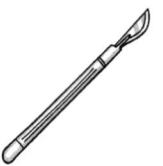

le scalpel

scalpel

l'opération

operaţie

le CT

CT

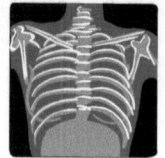

la radiographie

raze Röntgen

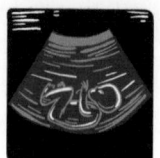

l'échographie

ultrasunet

le masque

mască

la maladie

boală

la salle d'attente

sală de așteptare

la béquille

cârjă

le pansement

plasture

le pansement

bandaj

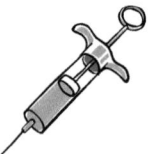

l'injection

injecție

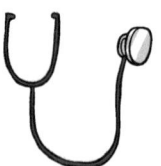

le stéthoscope

stetoscop

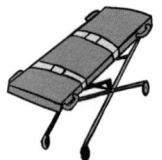

le brancard

targă

le thermomètre

termometru

l'accouchement

naștere

la surcharge pondérale

supraponderabilitate

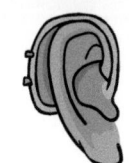

l'appareil auditif

aparat auditiv

le désinfectant

dezinfectant

l'infection

infecţie

le virus

virus

le VIH / le sida

HIV/SIDA

le médicament

medicină

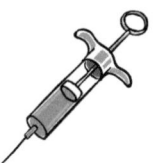

la vaccination

vaccin

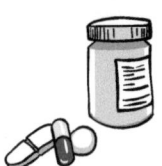

les comprimés

tablete

la pilule

pastilă

l'appel d'urgence

apel de urgenţă

le tensiomètre

aparat de măsurare a
presiunii arteriale

malade / sain

bolnav/sănătos

Au secours !

Ajutor!

l'alarme

alarmă

l'assaut

agresiune

l'attaque

atac

le danger

pericol

la sortie de secours

ieşire de urgenţă

Au feu!

Foc!

l'extincteur

extinctor

l'accident

accident

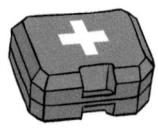

la trousse de premier
secours

trusă de prim-ajutor

SOS

SOS

la police

poliţie

l'Europe

Europa

l'Amérique du Nord

America de Nord

l'Amérique du Sud

America de Sud

l'Afrique

Africa

l'Asie

Asia

l'Australie

Australia

l'Océan atlantique

Altantic

l'Océan pacifique

Pacific

l'Océan indien

Oceanul Indian

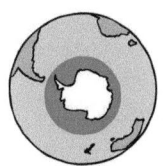

l'Océan antarctique

Oceanul Antarctic

l'Océan arctique

Oceanul Arctic

le Pôle nord

Polul Nord

le Pôle sud

Polul Sud

l'Antarctique

Antarctica

la terre

pământ

le pays

țară

la mer

mare

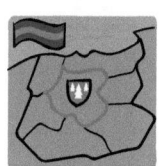

l'île

insulă

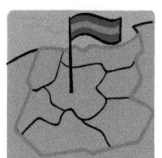

la nation

națiune

l'état

stat

le cadran

cadran

l'aiguille des heures

orar

l'aiguille des minutes

minutar

l'aiguille des secondes

secundar

Quelle heure est-il ?

Cât e ceasul?

le jour

zi

le temps

timp

maintenant

acum

la montre digitale

cead digital

la minute

minut

l'heure

oră

la semaine
săptămână

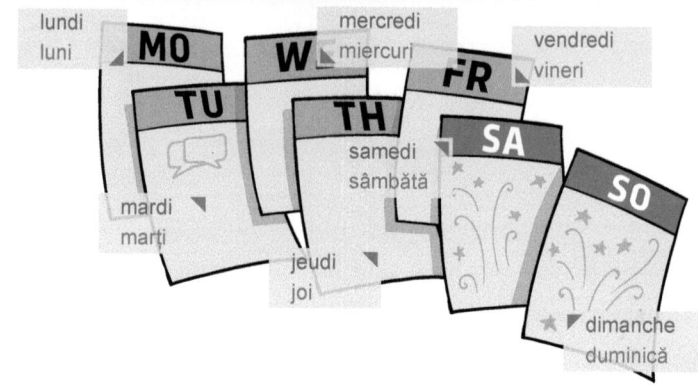

lundi / luni
mercredi / miercuri
vendredi / vineri
mardi / marți
samedi / sâmbătă
jeudi / joi
dimanche / duminică

hier
....
ieri

aujourd'hui
....
azi

demain
....
mâine

le matin
....
dimineață

le midi
....
amiază

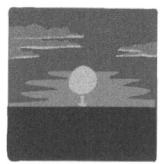

le soir
....
seară

MO	TU	WE	TH	FR	SA	SU
1	2	3	4	5	6	7
8	9	10	11	12	13	14
15	16	17	18	19	20	21
22	23	24	25	26	27	28
29	30	31	1	2	3	4

les jours ouvrables
....
zile lucrătoare

MO	TU	WE	TH	FR	SA	SU
1	2	3	4	5	6	7
8	9	10	11	12	13	14
15	16	17	18	19	20	21
22	23	24	25	26	27	28
29	30	31	1	2	3	4

le week-end
....
week-end

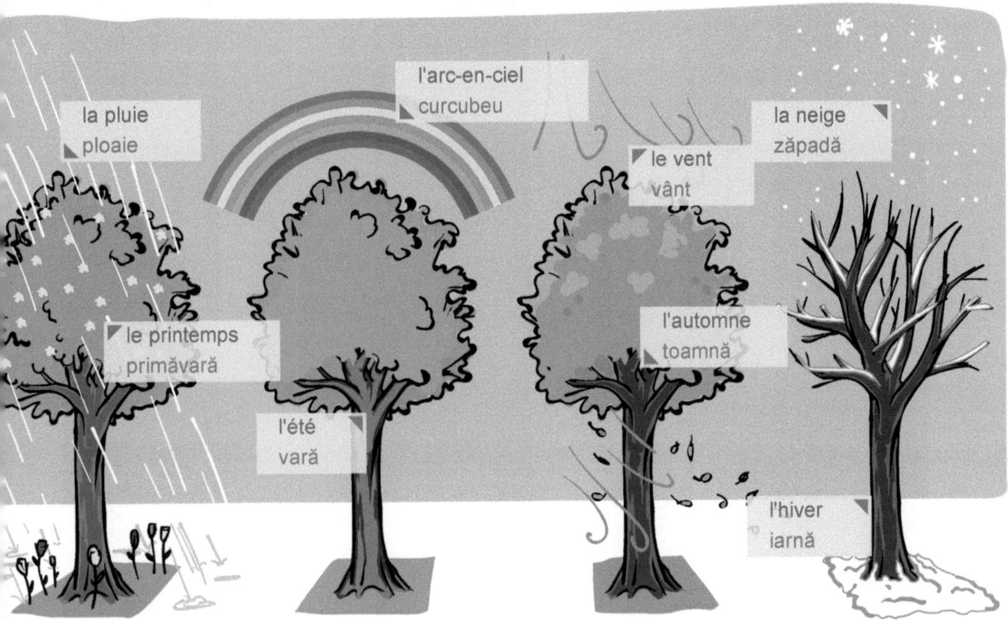

l'arc-en-ciel
curcubeu
la pluie
ploaie
la neige
zăpadă
le vent
vânt
le printemps
primăvară
l'automne
toamnă
l'été
vară
l'hiver
iarnă

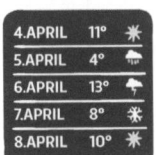

4.APRIL 11°
5.APRIL 4°
6.APRIL 13°
7.APRIL 8°
8.APRIL 10°

la météo

prognoză meteo

F C
120 40
90 30
60 20
30 10
0 0
-30 -10
-20

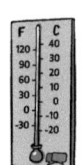

le thermomètre

termometru

la lumière du soleil

lumina soarelui

le nuage

nor

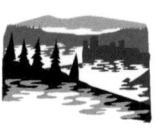

le brouillard

ceață

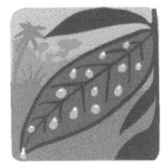

l'humidité

umiditate a aerului

la foudre

fulger

la tonnerre

tunet

la tempête

furtună

la grêle

grindină

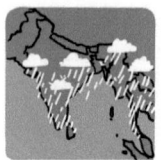

la mousson

muson

l'inondation

inundație

la glace

gheață

janvier

ianuarie

février

februarie

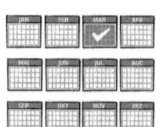

mars

martie

avril

aprilie

mai

mai

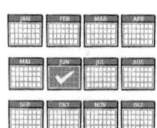

juin

iunie

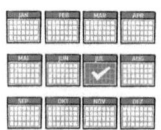

juillet

iulie

août

august

l'année - an

septembre
....
septembrie

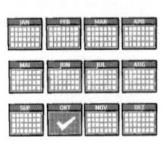

octobre
....
octombrie

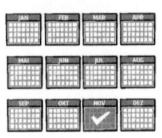

novembre
....
noiembrie

décembre
....
decembrie

les formes

forme

le cercle
....
cerc

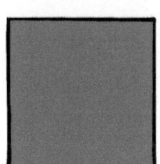

le carré
....
pătrat

le rectangle
....
dreptunghi

le triangle
....
triunghi

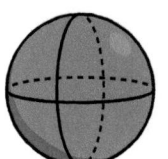

la sphère
....
sferă

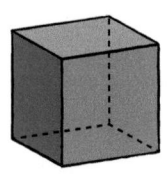

le cube
....
cub

blanc

alb

jaune

galben

orange

portocaliu

rose

roz

rouge

roșu

violet

violet

bleu

albastru

vert

verde

marron

maro

gris

gri

noir

negru

beaucoup / peu

mult/puţin

fâché / calme

furios/calm

joli / laid

frumos/urât

le début / la fin

început/sfârşit

grand / petit

mare/mic

clair / obscure

luminos/întunecat

frère / soeur

frate/soră

propre / sale

curat/murdar

complet / incomplet

complet/incomplet

le jour / la nuit

zi/noapte

mort / vivant

mort/viu

large / étroit

lat/strâmt

comestible / incomestible

comestibil/necomestibil

méchant / gentil

rău/prietenos

excité / ennuyé

emoționat/plictisit

gros / mince

gras/slab

le premier / le dernier

primul/ultimul

l'ami / l'ennemi

prieten/inamic

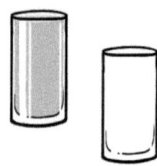

plein / vide

plin/gol

dur / souple

tare/moale

lourd / léger

greu/ușor

faim / soif

foame/sete

malade / sain

bolnav/sănătos

illégal / légal

ilegal/legal

intelligent / stupide

inteligent/stupid

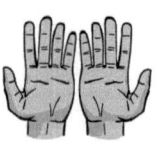

gauche / droite

stânga/drepta

proche / loin

aproape/departe

les oppositions - antonime

nouveau / usé

nou/uzat

rien / quelque chose

nimic/ceva

vieux / jeune

bătrân/tânăr

marche / arrêt

pornit/oprit

ouvert / fermé

deschis/închis

faible / fort

încet/tare

riche / pauvre

bogat/sărac

correct / incorrect

corect/fals

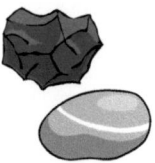

rugueux / lisse

aspru/neted

triste / heureux

trist/fericit

court / long

lung/scurt

lent / rapide

încet/repede

mouillé / sec

ud/uscat

chaud / froid

cald/rece

la guerre / la paix

război/pace

0

zéro

zero

1

un / une

unu

2

deux

doi

3

trois

trei

4

quatre

patru

5

cinq

cinci

6

six

șase

7

sept

șapte

8

huit

opt

9

neuf

nouă

10

dix

zece

11

onze

unsprezece

12

douze

douăsprezece

13

treize

treisprezece

14

quatorze

paisprezece

15

quinze

cincisprezece

16

seize

șaisprezece

17

dix-sept

șaptesprezece

18

dix-huit

optsprezece

19

dix-neuf

nouăsprezece

20

vingt

douăzeci

100

cent

o sută

1.000

mille

o mie

1.000.000

le million

un milion

les nombres - cifre

l'anglais

engleză

l'anglais américain

engleză americană

le chinois mandarin

chineza mandarină

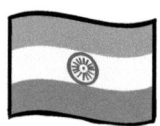

le hindi

hindi

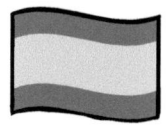

l'espagnol

spaniolă

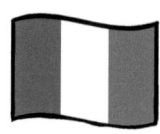

le français

franceză

l'arabe

arabă

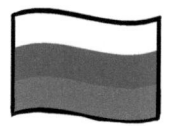

le russe

rusă

le portugais

protugheză

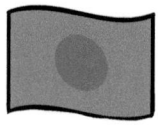

le bengali

bengaleză

l'allemand

germană

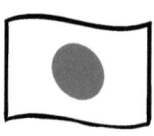

le japonais

japoneză

je

eu

tu

tu

il / elle / ce, c', cela

el/ea

nous

noi

vous

voi

ils / elles

ea

Qui ?

cine?

Quoi ?

ce?

Comment ?

cum?

Où ?

unde?

Quand ?

când?

le nom

nume

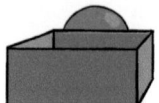

derrière

în spate

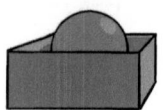

dans

în

devant

înainte

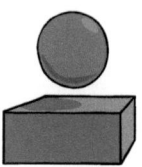

au-dessus

peste

sur

pe

en-dessous

sub

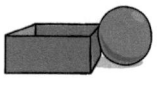

à côté de

lângă

entre

între

le lieu

loc